Der rote Faden
No. 46

MIX
Papier aus verantwortungsvollen Quellen
FSC® C012700

ISBN 978-3-649-60884-4

Textsammlung von Nina Sträter
Textsatz: Thomas Wolters, Inter[net]litho

Printed in Malaysia

www.coppenrath.de

HAPPY BIRTHDAY TO YOU

Es lebe das
Geburtstagskind!

COPPENRATH

Lebe! Liebe! Lache!
Auf diese Weise mache
dein neues Jahr zu einem Fest,
das dich dein Leben feiern lässt.
Es soll das neue Lebensjahr
noch besser sein, wie's alte war.

Volksgut

Man braucht im Leben nicht nur Geld allein,
man braucht auch Liebe, Freude, Glück –
– von allem wünsch ich dir ein Stück!

François Rabelais

Ich wünsch dir zum Geburtstag 12 Monate Gesundheit,
52 Wochen Glück, 365 Tage ohne Stress,
8.760 Stunden Liebe, 524.600 Minuten Frieden
und 31.536.000 Sekunden Freude.

SMS-Spruch

Kummer sei lahm! Sorge sei blind!
Es lebe das Geburtstagskind!

Theodor Fontane

❀ ❀ ❀

Alles Schöne, alles Gute,
alles Glück auf dieser Welt;
bleib gesund und bleibe fröhlich,
tue das, was dir gefällt.

Poesiealbumspruch

❀ ❀ ❀

Ich wünsche dir
einen wolkenlosen Himmel,
den Duft der schönsten Blumen,
ein Lied, ein Lachen,
einen Wunsch, der in Erfüllung geht,
einfach alles, was dir Freude schenkt
und dich rundum glücklich macht.

Anonym

Das Geheimnis des Glücks ist es,
statt der Geburtstage
die Höhepunkte des Lebens zu zählen.

Kalenderspruch

❀ ❀ ❀

Unser ganzes Leben ist ein
nie wiederkehrender Geburtstag,
den wir darum umso freudiger begehen sollten.

Jean Paul

❀ ❀ ❀

Jedes Jahr zu deinem Geburtstag
bekommst du die Chance
für einen Neuanfang.

Sammy Hagar

Geburtstage sind eine Gelegenheit,
um freudvoll Pläne zu schmieden,
um Träume zu träumen und zu hoffen,
dass sie wahr werden.

Kalenderspruch

❀❀❀

Geburtstag …
ein guter Zeitpunkt für einen Neubeginn:
alle alten Gewohnheiten über Bord werfen,
wie man es mit Kleidern tut,
um sie niemals wieder anzuziehen.

Amos Bronson Alcott

❀❀❀

Ein Geburtstag ist immer der erste Tag
einer weiteren 365 Tage lang dauernden
Reise um die Sonne.
Genieß die Fahrt!

Anonym

Ein kleines Rezept für die nächsten 365 Tage

Man nehme 12 Monate, putze sie sauber von
Bitterkeit, Geiz, Pedanterie und Neid
und zerlege jeden Monat in 30 oder 31 Teile,
sodass der Vorrat genau für ein Jahr reicht.

Jeder Tag wird dann einzeln angerichtet
aus einem Teil Arbeit und zwei Teilen Frohsinn
und Humor. Man füge drei gehäufte Esslöffel
Optimismus hinzu, einen Teelöffel Toleranz,
ein Körnchen Ironie und eine Prise Takt.

Dann wird die ganze Masse sehr reichlich mit
Liebe übergossen! Das fertige Gericht schmücke
man mit Sträußchen kleiner Aufmerksamkeiten
und serviere es täglich mit Heiterkeit!

Catharina Elisabeth Goethe

Durchwandle froh und heiter
dein Leben Jahr für Jahr,
das Glück sei dein Begleiter,
dein Himmel ewig klar!

Volksmund

❀❀❀

Will das Glück nach seinem Sinn
dir was Gutes schenken,
sage Dank und nimm es hin
ohne viel Bedenken.
Jede Gabe sei begrüßt,
doch vor allen Dingen:
Das, worum du dich bemühst,
möge dir gelingen.

Wilhelm Busch

❀❀❀

Was ich dir wünsche: Glück.

Aus China

Wer den Tag mit Lachen beginnt, hat ihn bereits gewonnen.

Marcus Tullius Cicero

❀❀❀

Wende dich ab von den Sorgen,
überlass alle Dinge dem Schicksal;
freu dich des Guten, das heute dir lacht,
und vergiss darüber alles Vergangene.

Aus 1001 Nacht

❀❀❀

Genießen wir, was uns der Tag beschert!
Wer weiß, ob solch ein Tag uns wiederkehrt.

Hafis

❀❀❀

Heute bin ich so glücklich.
Was für ein Tag – keine Wolke am Himmel.

Charles Baudelaire

Weißt du, worin der Spaß des Lebens liegt?
Sei lustig! – Geht es nicht, so sei vergnügt.

Johann Wolfgang von Goethe

❀❀❀

An seinem Geburtstag hat man zwei Möglichkeiten:
jammern und trauern über das Älterwerden
oder feiern, was man bisher
aus seinem Leben gemacht hat.
Wenn es irgendetwas zu feiern gibt,
dann den wunderbaren Umstand, dass man lebt.

Paul Wilson

❀❀❀

Ein Leben ohne Feste
gleicht einer weiten Reise ohne Einkehr.

Demokrit

Es ist unmöglich, Ihnen mein Alter zu verraten,
da es sich ständig ändert.

Alphonse Allais

❀❀❀

Du merkst, dass du älter wirst,
wenn die Geburtstagskerzen
mehr kosten als der Kuchen.

Bob Hope

❀❀❀

Das Alter ist etwas Herrliches.
Ich bin neugierig auf jedes kommende Jahr.

Alfred Döblin

❀❀❀

Mit dem Alter ist es wie mit dem Wein:
Es muss ein guter Jahrgang sein!

SMS-Spruch

Wir werden nicht älter mit den Jahren,
wir werden neuer jeden Tag.

Emily Dickinson

❀❀❀

Das Leben wird reich und unglaublich vielfältig,
während man älter wird.

Francesca Annis

❀❀❀

Jeder, der sich die Fähigkeit erhält,
Schönes zu erkennen,
wird nie alt werden.

Franz Kafka

❀❀❀

Solange man noch bewundern und lieben kann,
ist man für immer jung.

Pablo Casals

Die ganze Welt ist ein Geburtstagskuchen,
also nimm dir ein Stück, aber nicht zu viel.

George Harrison

Ich wünsche dir
die zärtliche Ungeduld des Frühlings,
das milde Wachstum des Sommers,
die stille Reife des Herbstes
und die Weisheit des erhabenen Winters.

Irischer Segenswunsch

Unsere Geburtstage sind Federn
in den breiten Flügeln der Zeit.

Jean Paul

Ich habe ein paar Blumen
für dich nicht gepflückt,
um dir ihr Leben mitzubringen.

Christian Morgenstern

❀❀❀

Freunde sind Menschen,
die an deinem Geburtstag an dich denken.

Kalenderspruch

❀❀❀

Zum Geburtstag viel Glück,
immer vorwärts, nie zurück,
wenig Arbeit, recht viel Geld,
große Reisen in die Welt,
jeden Tag gesund sich fühlen,
sechs Richtige im Lotto spielen,
ab und zu ein Gläschen Wein,
dann wirst du immer glücklich sein.

Anonym

An meinem 30. war ich traumatisiert.
Und an meinem 40. auch.
Der 50. war ganz schlimm.
Der 60. war ein Albtraum
und in diesem Jahr werde ich 70 ...
Ich mag keinen dieser runden Geburtstage.
Und die kleinen gemeinen,
die dazwischen liegen, auch nicht.

Woody Allen

❀❀❀

Wir wissen, dass wir alt werden, wenn das Einzige,
was wir uns zum Geburtstag wünschen, ist,
nicht an ihn erinnert zu werden.

Anonym

❀❀❀

Wichtig ist die Lebensfreude,
dann spielt das Alter keine Rolle.

Ursula Andress

Werde nicht alt, egal wie lange du lebst.
Höre nie auf, wie ein neugieriges Kind
vor dem großen Wunder zu stehen,
in das wir hineingeboren sind.

Albert Einstein

Menschen fragen immer wieder, was sie tun sollen,
um möglichst alt zu werden. Die Antwort ist: Nicht zu viel!

Robert Lembke

Wer morgens nüchtern dreimal schmunzelt,
wenn's regnet, nicht die Stirne runzelt
und abends lacht, sodass es schallt,
wird 120 Jahre alt.

Aus Deutschland

Das Beste an der Zukunft ist, dass sie
uns immer einen Tag nach dem anderen serviert.

Abraham Lincoln

❀❀❀

Blicke nicht zurück.
Es kann dir nichts helfen.
Blicke vorwärts!

Friedrich von Schiller

❀❀❀

Ein kommender Tag scheint länger zu sein
als ein vergangenes Jahr.

Aus Schottland

❀❀❀

Glaube an Wunder, Liebe und Glück.
Schaue nach vorne und niemals zurück.

Anonym

Heut zu diesem lieben Feste
wünsch ich dir das Allerbeste.

Volksgut

❀❀❀

Gestern war dein Tag, heute ist dein Tag,
und morgen wird dein Tag sein!

Lebensmotto

❀❀❀

Ich wünsche dir die schönsten Vergnügungen dieser Welt:
sich in Gesundheit aalen, im Geld schwimmen,
im Erfolg sonnen, in Liebe tauchen und in Glück baden.

Kalenderspruch